FELICIDAD

FELICIDAD

50 EJERCICIOS MINDFULNESS Y DE RELAJACIÓN

PARA LEVANTAR EL ÁNIMO CADA DÍA

DRA. ARLENE K. UNGER
Y LONA EVERSDEN

5 tintas

La edición original de esta obra ha sido publicada en el Reino Unido en 2016 por Apple Press, sello editorial de Quantum Books Limited, con el título

Happy. 50 Mindfulness and Relaxation Exercises
To Boost Your Mood Every day

Traducción del inglés Lidia Bayona Mons

Producción editorial: Kerry Enzor
Coautora: Lona Eversden
Edición del proyecto: Anna Southgate
Diseño: Dave Jones
Editora sénior: Philippa Wilkinson
Producción: Zarni Win

Impreso en China
Códigos IBIC: VSPM – VXM – VFJ
Depósito legal: B 11.619-2017

ISBN 978-84-16407-33-0

Las cinco mejores maneras
de cuidar su cuerpo

Visite www.cincotintas.info para
descargar el contenido gratis con el código

felicidad56

CONTENIDOS

INTRODUCCIÓN

Todos queremos sentirnos bien y pasamos gran parte de nuestra vida persiguiendo la felicidad. Buscamos un trabajo que nos llene, una pareja que nos ame, una familia que nos eduque y apoye y unos amigos que nos hagan reír. ¿O no es así? Quizá nuestro estilo de vida y nuestras acciones sorprendentemente a menudo sugieren que no buscamos la felicidad por encima de todo y que, en cambio, sacrificamos sentirnos felices por otros objetivos, como ganar dinero, tener estatus social y evitar lo negativo, como el desasosiego o el aburrimiento.

Hoy en día, al menos en los países desarrollados, se potencia la felicidad individual más que nunca. Tenemos más libertad, más dinero y mayores oportunidades que nuestros antepasados jamás hubieran soñado. Por lo tanto, en teoría, tendríamos que sentirnos más felices que ellos. Pero para muchos de nosotros no es así. Casi siempre la gente comenta que tiene menos tiempo para el ocio, menos dinero para hacer lo que realmente quiere e —incluso cuando el dinero no es el problema— que la riqueza material no da la felicidad. La cuestión es que la vida moderna es estresante. Cada vez estamos más conectados a la tecnología y más desconectados de la naturaleza; nuestras amistades están más diseminadas y son más superficiales ya que hablamos por el móvil o la pantalla y no en persona; y nuestros lugares de trabajo están cada vez más controlados por empresas multinacionales que hacen más difícil que veamos resultados directos de nuestro trabajo tal y como lo hacían nuestros antepasados. Todo esto ha llevado a un declive general de nuestra salud mental y ha generado que más del 45 % de las visitas al médico sean a causa del estrés.

Felicidad 1, 2, 3

¿Qué necesitamos, pues, para ser felices? No existe una receta única ya que todos somos diferentes y nos motivan diferentes cosas, pero algunos psicólogos sostienen que una vida feliz incluye lo siguiente:

1. **Disfrute:** hacer las cosas por puro placer.

2. **Significado:** sentir que nuestra vida tiene valor y que somos importantes.

3. **Compromiso:** estar conectados con los amigos, la familia y nuestra comunidad.

Tener el control de nuestra felicidad

No podemos controlar todas las circunstancias de nuestra vida, pero los psicólogos afirman que hacer pequeños cambios en nuestro día a día y en nuestra actitud puede tener un impacto positivo en nuestro bienestar emocional. Se estima que la mitad de nuestra felicidad está determinada por factores genéticos, un 10% por nuestras circunstancias vitales y un 40% por nuestras actividades diarias y otros factores bajo nuestro control.

Este libro trata sobre este 40 %. Le ayudará a equilibrar la felicidad en su vida a través de 50 ejercicios inspiradores y visualizaciones. Puede hacerlos de principio a fin o escoger el que más le guste y volver a por otro que le llame la atención más adelante. Algunos ejercicios son fijadores instantáneos, otros serán el inicio de una nueva forma de vida. Están basados en terapias y estudios contrastados que incluyen la terapia cognitivo-conductual (CBT, las siglas en inglés de cognitive behavioural therapy), el entrenamiento de la inteligencia emocional (EBT, las siglas en inglés de *emotional brain training*) y la reducción del estrés basada en el mindfulness (MBSR, siglas en inglés de *mindfulness-based stress reduction*).

Mi puntuación feliz

Dedique un momento a leer los puntos 1, 2, 3 y evalúe su vida de 0 a 10 en cada concepto.

Disfrute …/10

Significado …/10

Compromiso …/10

Si un apartado es significativamente inferior a los otros dos, esto le dará una idea de hacia dónde debe enfocar de manera más eficaz sus energías si desea dar un buen impulso a su felicidad.

10 **HÁBITOS FELICES** PARA **INCORPORAR** A SU VIDA

La gente feliz valora el momento presente en vez de pasarse todo el tiempo en el pasado o el futuro. Aquí tiene 10 maneras de ser más feliz:

1 **Rodéese** de gente feliz.

2 **Priorice actividades** que le hagan sentir bien.

3 **Responsabilícese** de su propia felicidad y no culpe a otros cuando las cosas vayan mal.

4 **Duerma** lo suficiente, coma sano y haga ejercicio regularmente.

5 **Perdónese** cuando meta la pata.

6 **Disfrute** de las cosas sencillas.

7 **No se compare** con los demás, pero aplauda el éxito de los otros.

8 **Salga** al aire libre a menudo.

9 **Sobrepóngase** cuando tenga un contratiempo.

10 **Dé a los demás** a través de bondad, elogios y donativos.

Entrenamiento de la inteligencia emocional

Esta terapia, a veces abreviada EBT, se basa en la idea de que el estrés está codificado en el cerebro y, con el tiempo, puede convertirse en nuestra forma de ser por defecto. Ofrece diversas herramientas que se usan para identificar y recablear los circuitos del estrés, reemplazándolos por formas de pensar más felices. También se centra en un estilo de vida saludable para mantener la vitalidad.

Terapia cognitivo-conductual

La terapia cognitivo-conductual (CBT) se usa para tratar la depresión y la ansiedad, y, al igual que el entrenamiento de la inteligencia emocional, se centra principalmente en tratar aspectos del aquí y ahora más que ahondar en el pasado. Esto se lleva a cabo identificando y desafiando las creencias negativas, y reemplazándolas por formas de pensar más positivas y constructivas. La terapia cognitivo-conductual también incluye técnicas específicas de reducción del estrés y se centra en los beneficios del ejercicio físico, la alimentación sana y el sueño reparador.

Reducción del estrés basada en mindfulness

Esta terapia (MBSR, por sus siglas en inglés) nos enseña a centrarnos en la realidad presente sin distraernos con la autocrítica o con pensamientos del pasado o del futuro. Este «estar en el momento» es una potente técnica terapéutica que ha demostrado aumentar el sentimiento de felicidad a lo largo del tiempo. Tanto el mindfulness o atención plena como la meditación se usan para que nos demos cuenta de lo que está ocurriendo en nuestro cuerpo y nuestra mente. Esto nos ayuda a reconocer los signos de estrés o ansiedad y así

Cuándo buscar ayuda

Podemos regular nuestro estado de ánimo y aumentar nuestro bienestar con los ejercicios y pensamientos de este libro. Pero si nuestros asuntos emocionales son continuos o afectan en gran medida a nuestra vida diaria, a nuestras relaciones o al trabajo, entonces debería consultar a su médico o a un terapeuta profesional para buscar ayuda y consejo.

poder manejarlos mejor. También nos ayuda a que seamos menos reactivos en nuestras acciones.

Visualizaciones y afirmaciones

La mayoría de los ejercicios de este libro comprenden un elemento de visualización o afirmación. Los científicos afirman que ante una situación imaginaria reaccionamos de la misma forma en como lo haríamos en la vida real. En un experimento descubrieron que visualizarnos haciendo ejercicio podía llegar incluso a aumentar el tono muscular. También se puede usar la visualización para animarse o relajarse. De forma similar, las afirmaciones son una manera de reforzar los hábitos de pensamiento positivo a través de la repetición de mensajes positivos cortos. Se utilizan en la terapia cognitivo-conductual y algunos aparecen en diversos capítulos de este libro.

Abajo: La vida es siempre un acto de equilibrio. Los ejercicios de este libro le ayudarán a encontrar momentos de felicidad cada día.

LEVÁNTESE
Y BRILLE

¿Es búho o alondra? Diversos estudios han demostrado que las personas que se identifican a sí mismos como diurnos o «alondras» tienden a ser más positivos que los nocturnos o «búhos». A menudo toman más el mando de su vida, planifican y se proponen metas continuamente y anticipan y minimizan mejor sus problemas. Esto es así porque la sociedad está más orientada hacia lo diurno que lo nocturno, dejando a las personas búho apartadas del mundo que las rodea.

Siempre que sea posible, concrete las pautas de felicidad para el día con un plan centrado en la mañana. Levántese temprano y haga ejercicio al aire libre. La actividad física está muy relacionada con el nivel de felicidad, y el ejercicio al aire libre le proporciona mayor exposición solar, lo cual es importante para el ánimo positivo.

Si debe cambiar sus hábitos, empiece por el horario: acuéstese temprano para reajustar su reloj biológico y levántese media hora antes cada día. Entonces ya puede concretar su plan para aumentar su cociente de felicidad a través de los ejercicios para levantar el ánimo de este capítulo.

DÉ LA BIENVENIDA AL SOL

En la Edad de Piedra se rendía culto al sol: al caer la noche se rezaba por los días soleados; por la mañana se regocijaban ante los poderes curativos del sol. Hoy en día, gracias a la investigación médica, sabemos que el sol es bueno para nuestro sistema inmunitario además de levantar nuestro ánimo y estimular las hormonas del bienestar, como por ejemplo la serotonina. La terapia cognitivo-conductual enfatiza la idea de que nuestras creencias positivas sobre el futuro pueden influenciar nuestra actitud. Este ejercicio le ayuda, al igual que a nuestros antepasados, a beneficiarse de la luz solar al despertarse.

1 Con los primeros gestos al despertarse, note la luz natural entrando en su habitación.

2 En vez de encender la luz artificial, suba la persiana y corra las cortinas.

3 Quédese de pie ante la luz del sol y realice, de forma exagerada, un gesto de bienvenida. Entréguese simplemente a la calidez, la luz y la energía positiva de los gloriosos rayos de sol mientras se dispone a empezar el día.

CUÁNDO HACERLO

Este es un buen ejercicio para realizarlo al principio del día. Si se entrena para despertarse con la luz solar, tendrá sus hormonas del bienestar funcionando todo el día.

SIENTA EL AMOR

¿No sería fabuloso si nos despertáramos y se nos reconocieran todas las cosas maravillosas que hemos hecho durante nuestra vida? Tanto si sentimos que nos lo hemos ganado como si no, todos merecemos ser aplaudidos al principio de cada día. Según el entrenamiento de la inteligencia emocional, nuestro cerebro funciona con recompensas y nuestra necesidad de amor y gratitud no debería pasarse por alto; es perfectamente razonable recibir y aceptar elogios de los demás. Intente esta visualización al principio de cada día.

1 Mientras está tumbado en la cama, antes de levantarse, imagine su habitación llena de sus familiares más cercanos y amigos. Justo antes de abrir los ojos, escuche su aplauso entusiasta.

2 Ahora, abra los ojos y vea sus caras sonrientes. Mientras se va despertando, quédese delante de sus seres queridos con una radiante sonrisa y alce los brazos en un gran abrazo.

3 Ahora está preparado para devolver su amor. Antes de salir de su habitación, diga adiós con la mano a sus amigos y familiares y lánceles un beso.

CUÁNDO HACERLO

Trate de hacer esta visualización cada mañana durante un mes, hasta que el aplauso que oiga se convierta en algo natural. Se despertará cada día con más espontaneidad y alegría.

LAS **CINCO** MEJORES
maneras de levantarse temprano

Ponga el despertador lejos de su alcance,
de manera que tenga que salir
de la cama para apagarlo

Sonría tan pronto como suene la alarma

Dígase a sí mismo:
«Me encanta levantarme temprano
por la mañana»

Tenga a mano una bata para que
al salir de la cama no sienta frío

Haga un seguimiento de su progreso;
marque en su calendario cada vez
que se levante temprano

03 DUCHA DE ATENCIÓN PLENA

Por muy ocupado que esté, siempre hay algún oasis de tiempo en el que puede experimentar la dicha del momento. Tomar una simple ducha, por ejemplo. Puede que lo vea simplemente como algo para salir del paso lo más rápido posible antes de empezar con su día, pero con el mindfulness descubrimos que una ducha puede ofrecer una cascada de sensaciones con la que puede conectar, además de procurarle una oportunidad de encontrar paz en una atareada mañana.

1 Antes de abrir el agua, dedique un momento a apercibir que los próximos minutos es todo lo que le concierne. Ponga toda su atención en la experiencia de ducharse.

2 Cuando entre en la ducha, note como el agua cae sobre usted como una cascada natural. Experimente las diferentes sensaciones que siente en la piel: la calidez, la humedad, la presión suave. Sienta el cabello húmedo en la cabeza, y el tacto de sus manos cuando se limpia.

3 Esté atento a los sonidos que oye: el siseo del agua al salir de la alcachofa y el golpeteo contra las baldosas de la pared y el suelo. Preste atención a cualquier otro sonido que oiga, como el chirrido al estrujar el bote de champú o el sonido de sus dedos al masajear su pelo.

4 Mire a su alrededor y preste atención a los dibujos que forman el agua y la condensación en las paredes, al color del gel o el champú.

5 Experimente también los aromas de la ducha, las notas frutales o herbales del jabón o el olor de su piel.

CUÁNDO HACERLO

¡Cada mañana! Puede ser una buena manera de introducir unos pocos momentos meditativos en su rutina diaria. Si vive con otras personas, pídales que no le interrumpan mientras se dedica estos minutos.

6 De vez en cuando, notará que su atención se dispersa. En cuanto suceda esto vuelva a centrarse en todos los signos, sonidos, sensaciones o aromas que conforman su experiencia en ese momento.

7 Cuando acabe de ducharse, cierre el agua, siendo consciente de qué siente con esta acción. Salga lentamente. Séquese cuidadosamente con una toalla suave, deteniéndose para prestar atención también a la suavidad y a los diferentes sonidos.

8 Respire hondo durante unos momentos antes de empezar su rutina de la mañana.

ARRIBA EL FRÍO

Una ducha de agua fría por la mañana pondrá su cuerpo totalmente en alerta, el golpe de agua fría hará que respire hondo y aumentará su ritmo cardíaco. De este modo su cuerpo incrementa la entrada de oxígeno y le mantiene caliente. Le da un extra de energía instantánea que es sensacional para su ánimo. Algunos estudios afirman que una ducha diaria de agua fría refuerza el sistema inmunitario.

CONTEMPLACIÓN FLORAL

Investigadores de la Universidad de Harvard afirman que estar en presencia de flores nos hace sentir felices, y este es sólo uno de los diversos estudios que confirman el efecto positivo de las flores en nuestro ánimo. Aquí encontrará cómo darse un estímulo floral cada día.

1 Tenga flores en la cocina. Muchas personas dedican tiempo a esto por la mañana, y buscar flores para un ramo le ayudará a sentirse menos ansioso, más positivo y más compasivo. Puesto que la cocina es donde solemos reunirnos, todo el mundo se beneficiará de la misma manera.

2 Si tiene jardín, salga y mire las flores cada mañana antes de ir al trabajo. O tome su café cerca de una ventana desde donde se vean plantas. Si no tiene jardín, ponga una maceta con flores donde pueda verlas.

3 También puede cerrar los ojos y visualizar durante unos minutos un precioso ramo de flores. Evoque la imagen lo más detalladamente posible, incluya el tacto de los pétalos y el aroma de las flores.

CUÁNDO HACERLO

Practique esta visualización cada mañana para prepararse para un día lleno de alegría.

CUIDADO DE LAS FLORES

Para sacar el mayor provecho a las flores que compre para su casa, corte los tallos antes de ponerlas en agua y añada un poco de fertilizante líquido para que duren más.

Creo
en mí
mismo

05   DÍGALO, CRÉALO

¿Puede hablarse a sí mismo para sentirse feliz? La terapia cognitivo-conductual afirma que sí puede, y que una de las formas de hacerlo es a través de afirmaciones. Al tener de forma consciente pensamientos autoafirmativos podemos desafiar los hábitos de pensamientos no constructivos. Con el tiempo esto nos ayudará a cambiar nuestra actitud para mejor y la forma en cómo nos sentimos con nosotros mismos. Intente hacer estos ejercicios para crear sus propias afirmaciones.

1 Escoja un pensamiento negativo recurrente. Tal vez: «Me da mucha pereza hacer nuevas amistades» o «Soy tan aburrido».

2 Escriba frases cortas positivas que argumenten esto: «Me da pereza hacer nuevos amigos, pero sólo necesito confiar en mí mismo». Asegúrese que la frase es totalmente positiva, que está expresada en tiempo presente y utiliza palabras que le funcionan.

3 Repita su afirmación diez veces por la mañana y a intervalos durante el día. Respire hondo antes de decirlo y hágalo con convicción. También puede intentar cantar su afirmación, a algunas personas les resulta más fácil para conectar hacerlo de este modo. ¡Crea en usted mismo!

CUÁNDO HACERLO

Las afirmaciones funcionan mejor si las hace cada día y las repite a menudo. Intente escribir su afirmación positiva en una tarjeta y guárdela en la cartera o en el monedero. Cada vez que coja su monedero sabrá que está allí y eso le servirá de recordatorio para decir sus palabras inspiradoras.

06 CON LA CABEZA BIEN ALTA

Si se siente triste, observe cómo está de pie o cómo se sienta. La gente infeliz tiende a adoptar una postura encorvada. Y al contrario, una postura encorvada también puede desencadenar sentimientos de tristeza; los psicólogos lo llaman «cognición en el cuerpo». Aquí tiene unos ejercicios para que de forma rápida su cuerpo cambie su mente.

1 Póngase de pie sobre sus talones y contra una pared, con los omóplatos tocándola. La parte baja de la espalda debe curvarse hacia dentro de forma natural y sin tocar la pared.

2 Suba un poco la barbilla y mantenga la cabeza ligeramente alejada de la pared. Imagínese que es una jirafa joven, mirando a su madre que es mucho más alta.

3 Mantenga esta posición durante 20-30 segundos y luego apártese de la pared con la misma postura. Si es posible, camine durante un minuto o dos antes de sentarse de nuevo.

CUÁNDO HACERLO

Haga este ejercicio antes de irse de casa por la mañana. Intente mantener la postura al salir de casa y empezar su viaje al trabajo.

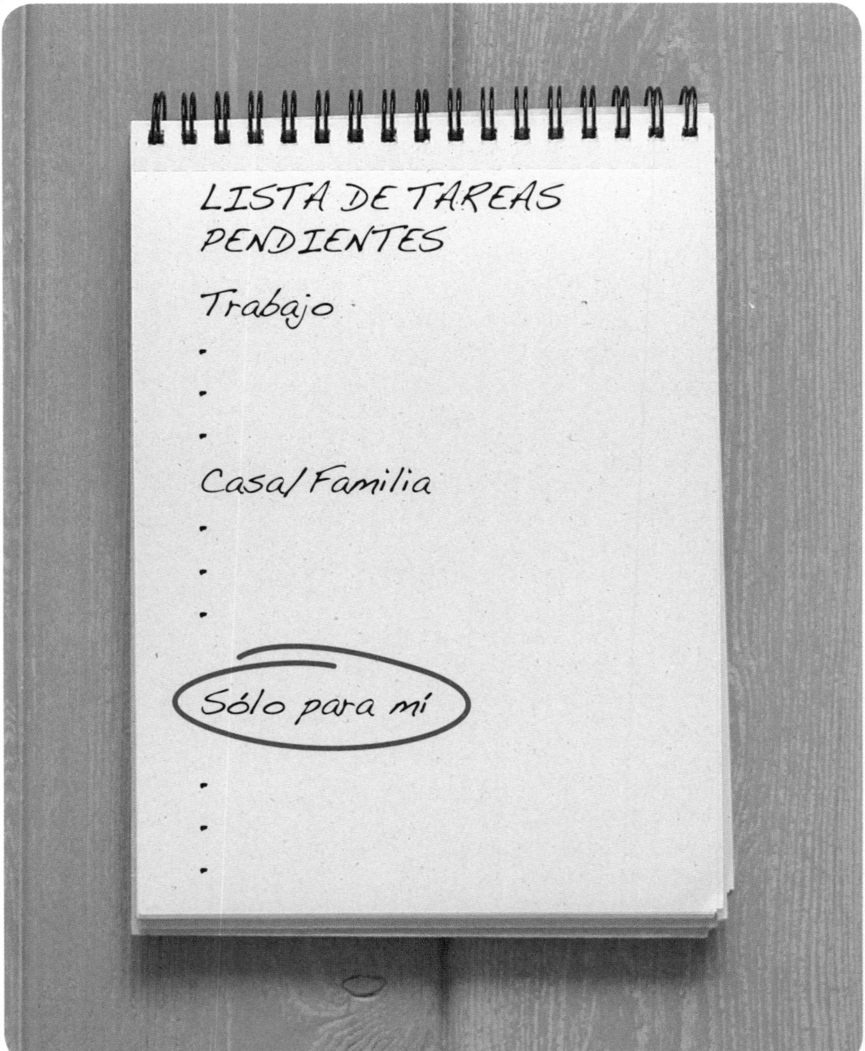
LISTA DE TAREAS PENDIENTES
Trabajo
Casa/Familia
Sólo para mí

07 PLAN DE POSITIVIDAD

¿Se despierta a menudo malhumorado? Use esta herramienta de planificación de la terapia cognitivo-conductual para tener tiempo para cuidarse y darse algo para anhelar sólo usted. Cuidar sus propias necesidades es importante para aumentar su potencial de felicidad. La lista de tareas de la página izquierda puede servirle de plantilla.

1 Ponga el despertador 15 minutos antes de su hora habitual. De esta forma, hace un hueco por la mañana a la alegría, en vez de salir corriendo por la puerta. Siéntese y tómese un té o un café con calma, medite o escuche música (véanse páginas 58-61).

2 Establezca una rutina matutina. Siga el mismo plan cada mañana. Cuantas menos decisiones deba tomar a primera hora, menor será el potencial para el estrés. Prepárese la ropa y el bolso por la noche; decida qué comerá para desayunar.

3 Asegúrese de que su rutina incluye cada día algo que desee para usted. Las listas de tareas pendientes pueden acaparar el momento de despertarse, por lo que debe usar el modelo de la página izquierda para asegurarse de que también encuentra tiempo para esas cosas que le hacen feliz.

CUÁNDO HACERLO

Estos son hábitos que debe poner en práctica cada mañana. Le ayudarán a apreciar los momentos de placer de cada día.

08 DULCES SUEÑOS

Para ser feliz es imprescindible dormir lo suficiente. Numerosos estudios han trazado una relación directa entre dormir bien y un buen estado de ánimo. Tan solo una hora extra de sueño cada noche puede hacer sentir a la gente más feliz y más sana. Intente los siguientes ejercicios para mejorar su sueño.

1 Planifique al menos siete horas de sueño por la noche. Se calcula que en España se duerme menos de siete horas, pero este es el mínimo que aconseja la Sociedad Española del Sueño (SES). A partir de la hora a la que debe levantarse, retroceda para saber a qué hora debe acostarse.

2 Durante el día, asegúrese de estar al aire libre con luz natural para ayudar a regular su reloj biológico, por ejemplo un paseo de media hora durante su pausa para comer es ideal.

3 Una hora antes de acostarse, baje la intensidad de las luces y desconecte cualquier dispositivo electrónico, incluido el móvil y la tableta. Estos aparatos emiten luz «azul» que engaña al cuerpo haciéndole pensar que todavía es de día, y bloquea nuestra producción de la hormona natural inductora del sueño, la melatonina.

4 Los terapeutas cognitivo-conductuales consideran importante que se establezcan expectativas realistas de sueño. Si nota que tiene una tendencia a exagerar («Nunca puedo dormir» o «He pasado toda la noche despierto»), respóndase con un pensamiento más provechoso y sincero («No estoy seguro de cuánto voy a dormir hoy, veremos qué pasa»).

CUÁNDO HACERLO

Cada noche. Intente acostarse y levantarse cada día a la misma hora. Una rutina constante le ayudará a tener buenos hábitos de sueño.

¡NO SE PREOCUPE!

El miedo a no dormir le impide relajarse lo suficiente para hacerlo. Si no puede evitarlo, levántese y haga algo tranquilo, como colorear o meditar. Vuelva a la cama cuando sienta que tiene sueño.

COLOREE CON CREATIVIDAD

Deje algún momento para alguna forma de arte por la mañana. Está comprobado que realizar tareas artísticas puede hacerle sentir feliz. La concentración que requiere dibujar, pintar o colorear pone su mente en un estado que el psicólogo Mihaly Csikszentmihalyi llama *flow* o fluir. Intente este fantástico ejercicio de colorear; es un excelente punto de partida.

CUÁNDO HACERLO

Puede colorear en cualquier momento del día, pero esta es una buena forma de introducir un poco de creatividad a la mañana. El arte creativo reduce la ansiedad al tiempo que aumenta la autoestima.

1 Prepare varios utensilios para colorear; puede usar lápices o rotuladores (si usa rotuladores, ponga una hoja de papel debajo para evitar que se traspase la tinta).

2 Tómese un momento para sentarse y respirar. Recuérdese que tiene estos preciosos minutos para disfrutar. Puede ponerse una alarma, así tendrá tiempo suficiente para prepararse antes de salir.

3 Mire sus lápices o rotuladores y coja el color que prefiera. No piense en ello demasiado, siga su instinto. Empiece a pintar una pequeña área del dibujo y disfrute del puro placer de colorear.

Pase la página: intente colorear los dibujos de las páginas 38 y 39.

VEA
LA ALEGRÍA
EN EL
MUNDO

Incluso los días nublados tienen momentos de felicidad. Tenemos la oportunidad de experimentar placer cada día, aunque sólo si nos lo permitimos.

Muchos de nosotros tenemos «tendencia a la negatividad»: acentuamos lo negativo y minimizamos lo positivo. Este uno de los hábitos de pensamiento negativo automático que abordamos en la terapia cognitivo-conductual. Si vemos conscientemente lo positivo podemos entrenar nuestra mente para que sea más optimista y se abra a la alegría.

En este capítulo encontrará ejercicios inspiradores que le ayudarán a ver lo positivo; otros, le mostrarán el camino del mindfuness. Si puede vivir en el presente, entonces será capaz de darse cuenta de los pequeños placeres de cada día: la calidez del sol o el primer sorbo de café.

Más aún, cuando adquirimos plena conciencia de lo que estamos haciendo, entonces la preocupación y el estrés desaparecen y nos percatamos de todo lo que está bien con el mundo que nos rodea. No es sólo una herramienta útil, es una actitud que puede mejorar nuestra vida.

AME LA NATURALEZA

En mindfulness descubrimos que una forma de ser feliz es vivir el presente y ser conscientes de nuestra experiencia tal como sucede, momento a momento. El mindfulness requiere concentración, y existen muchas formas de mejorarla. Intente este precioso ejercicio, no sólo mejorará sus aptitudes de observación, sino que también le ayudará a darse cuenta de todos los pequeños y entusiastas detalles que hay en el mundo.

1 Ponga un pequeño objeto natural encima de una mesa delante de usted. Puede ser una flor, una hoja, una concha o una piña. Mírelo, observe su forma, sus colores, la luz y zonas de sombra o cualquier otro patrón o dibujo. Hágalo durante un minuto o dos. Si deja de prestarle atención, simplemente dese cuenta de que ha sucedido y vuelva a centrar su atención en el objeto.

2 Ahora coja el objeto. Perciba su tacto, si es rugoso, suave, blando o duro, su peso o su ligereza en su mano. Dedique otro minuto examinando cada aspecto de su tacto, fijándose en las partes que se sienten diferentes unas de otras.

3 Acerque el objeto a su nariz e inspire. La mayoría de objetos naturales desprenden cierto aroma. ¿A qué huele este? Dedique un minuto a examinarlo: huélalo, tóquelo, mírelo, aprecie todos y cada uno de sus aspectos. Luego vuelva a dejarlo sobre la mesa.

4 Poco a poco vaya centrándose en lo que le rodea, interiorizando todo lo que alcanza su visión periférica. Lentamente mire a su alrededor y tome nota mental de lo que ve. Cuando haya acabado, levántese con suavidad.

CUÁNDO HACERLO

Este es un ejercicio que puede hacer ocasionalmente o también puede convertirlo en un ejercicio de concentración como parte de su rutina diaria.

TRAS LA TORMENTA, VIENE LA CALMA

Aquí tiene una visualización que puede usar si se encuentra deprimido por un acontecimiento trágico que suceda en el mundo.

1 Cierre los ojos y póngase cómodo y relajado. Puede hacer este ejercicio sentado o tumbado, como se sienta mejor.

2 Visualice el acontecimiento triste como una oscura y opresiva nube en el cielo. Intente imaginar la nube detalladamente. Imagine como se infla por diferentes lados y tiene manchas oscuras y claras.

3 Ahora imagine que ve un trozo de nube que es más delgado y luminoso que el resto. Mientras lo mira, ve el sol a través de él. Ve un pequeño agujero en la nube que deja pasar haces de luz plateada. Cuando ve esta preciosa luz se da cuenta de que una luz suave brilla a través de la oscura nube de los acontecimientos humanos.

CUÁNDO HACERLO

Hágalo cuando lo necesite. Es una buena idea limitar su exposición a las noticias tristes, especialmente cuando se siente sin energía por la noche. Evite también ver canales e historias sensacionalistas.

12 BORRÓN Y CUENTA NUEVA

Las rutinas son útiles porque procuran una estructura a nuestros días. Pero también pueden cerrarnos los ojos a las inesperadas maravillas de cada día. Ser consciente significa experimentar la frescura de cada momento y aumenta nuestra capacidad para la felicidad. Las nuevas experiencias también ayudan a desprendernos de la autocomplacencia, lo cual refuerza nuestra habilidad de ser conscientes. Intente estas tres formas de alterar su día con creatividad y apagar el piloto automático.

CUÁNDO HACERLO

Rompa un hábito o intente algo nuevo cada día para mantener su mente alerta.

1 ¿Cuál es su rutina? ¿Siempre coge el mismo camino para ir al trabajo? ¿Se sienta en la misma silla cuando ve la televisión? Cuando hacemos cosas exactamente de la misma manera es más difícil permanecer presente. Hoy, haga sólo una cosa diferente y tómese el tiempo para ver cómo su experiencia es diferente, momento a momento.

2 Realice una tarea diaria con su mano no dominante: cepíllese los dientes, aféitese o coma. Se dará cuenta de lo complejas que son estas operaciones y será consciente mientras las haga.

3 Mire en su armario. ¿Se lo sabe de memoria? Cómprese una pieza nueva de ropa, algo que le guste y que sea diferente de todo lo que tiene, un color o un estilo que sea nuevo para usted. Fíjese en cómo se siente la primera vez que lo lleva puesto.

AFIRMACIÓN PERSONAL

Cada día
trae
nuevos
descubrimientos

13 IMPRÉGNESE DE BELLEZA

Todos, alguna vez en nuestra vida, entramos en contacto con el dolor, la pérdida o el sufrimiento. En ese momento cuesta mucho estar alegre. La constante exposición a estímulos positivos es una estrategia de la terapia cognitivo-conductual que nos ayuda a recordar que debemos pensar en positivo. Si cada día hacemos algo que nos recuerde que en el mundo existe la belleza natural, tenemos más posibilidades de ver la bondad que nos rodea y sentirnos más positivos interiormente. Empiece y acabe el día impregnándose de la belleza existente en el mundo que le rodea.

1 Preste atención al gorjeo de los pájaros mientras camina al aire libre.

2 Inspire el maravilloso aroma de las flores o arbustos que encuentra a su paso.

3 De vez en cuando mire el magnífico cielo y observe las preciosas formaciones de nubes.

4 Hacia el final del día, salga al exterior y vea la puesta de sol.

CUÁNDO HACERLO

Intente este ejercicio tres veces a la semana durante un mes y hasta que sea evidente que vivir con alegría es posible, incluso en momentos difíciles. Poco a poco se recuperará y encontrará más dicha en el mundo.

14 BAÑO DE BOSQUE

La próxima vez que sienta bajo de ánimo tómese un «baño de bosque», es un término japonés que designa la actividad terapéutica de caminar por el bosque. Estar rodeados de naturaleza nos hace sentir más felices y sanos, y parece tener efectos particularmente beneficiosos para nuestro bienestar mental. El baño de bosque se ha demostrado que incrementa el vigor y reduce los sentimientos de ansiedad e ira de manera significativa.

1 El objetivo de este ejercicio es relajarse y pasar un tiempo entre árboles. Propóngase andar entre 2,5-5 km al día.

2 Cuando esté en el bosque, deléitese de la experiencia con sus sentidos. Preste atención al canto de los pájaros o al crujir de las ramas bajo sus pies. Sienta los árboles a medida que avanza. Admire los maravillosos verdes y marrones del mundo natural y el maravilloso aroma del bosque.

3 Responda a las necesidades de su cuerpo. Cuando sienta cansancio, busque un lugar que le guste y pase un tiempo simplemente sentado y disfrutando de la belleza de ese paisaje natural.

CUÁNDO HACERLO

Haga este ejercicio cuando pueda. Una vez a la semana o al mes, según su facilidad para acceder a un bosque.

VIDA DE PARQUE

Busque tiempo para un «baño de bosque» al menos una vez a la semana y dé un paseo por un parque cercano a su casa.

LAS **CINCO** MEJORES
maneras de pasar más tiempo al aire libre

Dé un paseo diario con su pareja,
amigo o perro

~~~~~~~~~~~~~~~~

Socialice al aire libre: vaya a un picnic,
haga una excursión o un paseo en bicicleta

~~~~~~~~~~~~~~~~

Haga ejercicio en la naturaleza,
entrene «en verde»

~~~~~~~~~~~~~~~~

Siéntese en el parque cada día:
lea un libro, coloree o haga punto

~~~~~~~~~~~~~~~~

Tome una foto cada día y documente
los cambios de las estaciones

~~~~~~~~~~~~~~~~

15   UNA CÁLIDA BIENVENIDA

¿Qué hay más agradable que tener un fiel compañero que te reciba a la puerta? Por desgracia, no todo el mundo puede esperar una efusiva bienvenida cada día. Con el uso de técnicas de reevaluación cognitiva podemos hacer que nuestro cerebro reemplace una expectativa negativa por un pensamiento positivo. Intente esta visualización y regocíjese cuando le den la bienvenida.

1 Todos hemos visto cómo se vuelve loco de alegría un perro cuando se reúne con su amo. Intente imaginar cómo sería si le recibieran de este modo cada vez que abriera una puerta.

2 La próxima vez que esté a punto de girar el pomo de una puerta, imagine a un fiel amigo esperando al otro lado, moviendo la cola con impaciencia.

3 Sienta el fluir de energía positiva que le llena al traspasar la puerta.

CUÁNDO HACERLO

Intente este ejercicio al menos tres veces a la semana, justo antes de abrir una puerta. Con el tiempo, vea cuantas caras alegres y de bienvenida observa a lo largo del día.

16 SINTONICE

Puede levantar su ánimo simplemente escuchando música estimulante. Un estudio de la Universidad de Missouri ha determinado que las personas que escuchan música animada experimentan un aumento de la dopamina, sustancia química del bienestar, la cual afecta a dos áreas del cerebro. La primera área está conectada con el placer (*striatum* ventral) y la segunda con la anticipación (*striatum* dorsal). Intente estos experimentos mindfulness de música para mejorar su estado de ánimo.

1 Empiece eligiendo un tema musical alegre, ya sea de su colección o de un servicio de música en línea.

2 Escuche la música en una habitación donde no haya otros ruidos, y deje de lado otras distracciones (no lea o utilice su móvil mientras escucha la música).

3 Tómese su tiempo para ponerse cómodo y disfrute de unas respiraciones profundas antes de poner el tema musical. Recuérdese que está escuchando música para sentirse más feliz: ser consciente de su intención es una parte importante del ejercicio.

CUÁNDO HACERLO

Haga este ejercicio cada día durante un par de semanas, vaya variando el tipo de música. Este ejercicio será una incorporación magnífica a su rutina diaria.

SEA CONSCIENTE

Este ejercicio sólo funciona si hace un esfuerzo consciente de escuchar música, y de que lo está haciendo para mejorar su estado de ánimo.

4 Cuando la música esté sonando, cierre los ojos y sumérjase en el sonido. De vez en cuando puede que se distraiga con pensamientos o sentimientos. Cuando se dé cuenta de que ha perdido concentración, vuelva tranquilamente a centrarse en la música, no importa si lo tiene que hacer varias veces.

5 Tenga presente que la música puede ser muy evocadora y puede llevar su mente a recuerdos o historias. De nuevo, si esto sucede, vuelva a centrarse otra vez en la música.

6 Cuando acabe el tema musical, quédese unos minutos donde esté con los ojos cerrados y respirando con calma.

7 Compruebe cómo se siente pero no se preocupe si no nota ningún cambio en su estado de ánimo. Preocuparse por si el ejercicio funciona o no puede ser contraproducente.

ELECCIÓN MUSICAL

Escoja un género musical que le guste, pero asegúrese de que tenga un tempo alegre, es algo que no falla para levantar su ánimo.

17 MIRE HACIA ARRIBA

Si trabaja delante de un ordenador durante muchas horas seguidas, seguramente verá como su estado de ánimo decae a medida que el día avanza. Según una investigación de la San Francisco State University, es más fácil tener pensamientos y recuerdos negativos cuando miramos hacia abajo y más felices cuando miramos hacia arriba. Intente estos ejercicios para recordarse que debe apartar la vista de la página o de la pantalla del ordenador.

1 Coloque mensajes inspiradores e imágenes agradables en algún lugar por encima de sus ojos pero a la vista desde su asiento. Cuando levante la cabeza los verá y este acto hará que su cuerpo adquiera de forma natural una postura erguida.

2 Cuando vaya o venga del trabajo, mire de vez en cuando hacia el cielo. Tanto si está nublado como si brilla el sol, su inmensidad puede darle un empujón emocional.

3 Dé un paseo al aire libre durante la hora de comer, será una buena dosis de cielo en la mitad del día. La exposición a la luz natural también ayuda a su estado de ánimo (véanse páginas 16-17).

CUÁNDO HACERLO

Convierta el mirar hacia arriba en un hábito. Si trabaja sentado, levántese a menudo para estirar su espalda y cambiar su perspectiva visual. Baje y suba la cabeza con suavidad mientras se concentra en el techo y el suelo.

18 BUSQUE LO POSITIVO

Quejarse puede ser una forma de pensar distorsionante y poco constructiva, y también puede convertirse en un hábito. En el entrenamiento de la inteligencia emocional, reemplazamos esta inclinación negativa por una positiva: nuestro cerebro es flexible y puede aprender nuevas maneras de interpretar la información que recibe a través de los sentidos. Intente estas dos simples técnicas para reconectar su cerebro con las cosas positivas de la vida.

1 Deje de hacer lo que esté haciendo a intervalos regulares. Piense en algo bueno que ha sucedido en la hora anterior. Puede ser algo insignificante, como una taza de té que ha disfrutado, o algo mayor, como el sentimiento de claridad y propósito que está sintiendo. Si no se le ocurre nada, levántese, relaje su cuerpo, inspire hondo y espire lentamente. Disfrute de este momento de reposo y vívalo como algo que le hace sentir bien.

2 Cuando entre en una habitación, busque tres cosas que le gusten: un cuadro bonito, la madera natural de una mesa o una guirlanda de luces de colores. Puede hacer esto en cada habitación de su casa o en una habitación en la que nunca ha estado. Es un buen ejercicio para hacer cuando llegue a casa del trabajo.

CUÁNDO HACERLO

Buscar lo positivo es un hábito inspirador como punto de partida. Haga estos ejercicios cada día.

19   CONTEMPLE LAS ESTRELLAS

Este ejercicio de meditación es una forma de librarse del deseo de la mente de imponer orden en cada cosa que vemos. Apreciar la dimensión del mundo nos sobrecoge y nos ayuda a alejar la atención de nuestras necesidades egocéntricas, a la vez que aumenta el sentimiento de felicidad.

CUÁNDO HACERLO

De forma regular. Observar el paso de la luna a lo largo de su ciclo mensual puede también ser una forma de sintonizar con los ritmos naturales de nuestro planeta. O puede hacerlo de manera ocasional para abrir su mente en el lugar que le corresponde en el mundo, y el lugar del mundo en el universo.

1 En una noche clara, saque una manta afuera y extiéndala en el suelo. Túmbese boca arriba y tómese unos minutos de relax. Respire hondo.

2 Con la mirada perdida, mire la luna sin pestañear durante el tiempo que le sea cómodo. Observe cualquier forma oscura con manchas o patrones. Intente ver la luna como un objeto fascinante que nunca antes había visto con tanto detalle.

3 Centre la mirada en un grupo de estrellas sin que cualquier constelación pueda desviarla. Sea consciente de los espacios entre las estrellas y de ellas mismas. Poco a poco amplíe la mirada para interiorizar la máxima extensión de cielo que pueda ver. Sienta la belleza y la inmensidad del universo mientras le haga sentir bien.

Pruebe esto: colorear un mandala estelar puede ayudarle a evocar su sentimiento de maravillarse ante la inmensidad del cielo nocturno.

ENCUENTRE
SU FELICIDAD
INTERIOR

La felicidad depende más de lo que hay en nuestro interior que de las circunstancias externas. Algunas investigaciones demuestran que las personas tienen una predisposición genética a la felicidad influenciada por rasgos de la personalidad, tales como la sociabilidad, la estabilidad y una tendencia a trabajar duro.

Es gracias a estos rasgos que, con el tiempo, muchas personas son capaces de superar diversos escollos de la vida, como un divorcio o una pérdida. Funciona igual que para la buena o mala suerte. Así pues, aunque le toque la lotería o se compre una casa enorme, a la larga estas cosas no le harán más feliz.

La buena noticia es que usted puede aumentar su nivel genético de felicidad y este capítulo le mostrará cómo hacerlo a través de la meditación, el mindfulness y las técnicas del entrenamiento de la inteligencia emocional junto con la terapia cognitivo-conductual. Estas técnicas muestran cómo nuestros pensamientos pueden tener un gran efecto en cómo nos sentimos, y enfatizan la necesidad de usar una apacible voz interior. Nos muestran cómo encontrar el sentido del espacio y la perspectiva para conectar con nuestra felicidad interior en cualquier situación.

20 | ALIMENTE EL ALMA

Hoy en día muchas voces reivindican la llamada «comida de la felicidad», pero la relación entre dieta y felicidad no es una novedad. Necesitamos una buena nutrición para estar físicamente sanos, pero también para ayudar a regular nuestras emociones y mantener la salud mental. Por lo tanto, lo que es bueno para el cuerpo, es bueno para el alma.

1 Coma regularmente. Si se salta comidas, su nivel de azúcar baja y puede sentirse bajo de ánimo o irritable. Intente comer menos durante el almuerzo y la cena y coma más veces de manera espaciada para mantener su ánimo estable.

2 Opte por la dieta mediterránea. Esta dieta es rica en fruta y verdura, cereales, frutos secos y aceite de oliva, pero también incluye alimentos ricos en proteínas, como pescado, carne, legumbres y huevos. Son una buena fuente de aminoácidos, necesarios para producir serotonina y otras sustancias que regulan nuestros sentimientos y estado de ánimo.

3 Manténgase hidratado. Cuando tenemos sed pensamos con menos claridad y podemos perder nuestra perspectiva. Tenga agua siempre a mano y aproveche cualquier oportunidad para beber.

CUÁNDO HACERLO

Cada día. Reduzca su consumo de alcohol y cafeína ya que puede tener efectos negativos en su estado de ánimo.

21 ENTORNOS ALEGRES

Es importante tener pistas alegres o recordatorios positivos en el espacio en el que vivimos. De la misma manera que el entorno exterior puede afectar nuestro estado de ánimo, también lo hace el entorno de nuestro hogar. Siga este plan para asegurar que su entorno está lleno de alegría.

1 Deshágase de cualquier cosa que le baje el ánimo. Entre en una habitación de su casa y haga un inventario mental de lo que hay. ¿Hay recordatorios de personas con las que ya no tiene contacto o con las que está enemistado? ¿Objetos de decoración antiguos que nunca mira o pilas de papeles que le deprimen? Fíjese en cada espacio de la habitación, viendo qué es lo que le llama la atención y percatándose de cualquier sentimiento negativo que tenga. Saque los objetos negativos y guárdelos fuera de la vista.

CUÁNDO HACERLO

Hágalo en cada habitación de su casa de forma sistemática y repítalo periódicamente, una vez al mes, para asegurar que está manteniendo el entorno positivo.

2 Busque una habitación para poner todo lo que le levanta el ánimo. Escoja objetos que le llenen de felicidad o le traigan grandes recuerdos positivos. Las fotografías de sus seres queridos pueden reforzar su sentido del yo y su conexión con los demás. También es bueno tener muestras de sus éxitos o de lugares en los que se sintió bien. Por ejemplo, fotos de vacaciones o recuerdos de viajes, instantáneas de usted practicando yoga o corriendo un maratón.

22 SIESTA GATUNA

No hay duda de que la actitud positiva depende en parte de nuestro tiempo de descanso: cuando dormimos más tenemos más fuerza de superación y somos menos receptivos a la negatividad. El entrenamiento de la inteligencia emocional apoya la idea de que tenemos más probabilidades de llegar a un estado de dicha cuando nuestro cerebro está descansado y no sufre estrés. Intente este ejercicio para revigorizar su cuerpo y su mente siempre que necesite una inyección de energía.

1 Después de una buena comida, busque un lugar cómodo en casa para acurrucarse y descansar.

2 Mientras cierra los ojos, intente respirar hasta emitir un leve ronroneo.

3 Ahora intente imitar la satisfacción relajada de un gato durmiendo tranquilamente su siesta.

4 Después de unos minutos abra los ojos, desperécese y sienta la calma en su interior.

5 Siempre que se sienta estresado o cansado durante el día, recuerde cómo se sintió cuando realizó este ejercicio. Recuerde lo relajado y satisfecho que se sintió y eso revitalizará su cuerpo y su mente.

CUÁNDO HACERLO

Practique este ejercicio al menos dos veces por semana. Tómese su tiempo para una inyección de energía con una siesta que le ayudará a sentirse más equilibrado y feliz. Si no le es posible echarse una siestecita porque está estresado, utilice su memoria para revivir la relajación que consiguió con este ejercicio para sentirse mejor.

23 TIEMPO DE COSQUILLAS

¿Recuerda cuando de pequeño le hacían cosquillas con una pluma? Un suave y juguetón toque puede provocar la risa, incluso cuando se siente malhumorado. La sola idea de las cosquillas puede hacer saltar nuestra alarma de la felicidad cuando intentamos contener la risa. Según el entrenamiento de la inteligencia emocional, el imaginario positivo y la risa forman parte de nuestro cuadro de mando. Ambos nos ayudan a recuperarnos del estrés sin sentirnos abrumados.

1 Tómese un minuto para recordar cuando le dijo a alguien que tenía muchas cosquillas. Luego, evoque esas risitas que le salían justo antes de que le hicieran cosquillas.

2 Intente visualizar que le están haciendo cosquillas con una pluma en las zonas del cuerpo donde tiene más cosquillas. Sienta la risa que le sobreviene justo en ese momento y céntrese en esa sensación durante unos segundos.

3 Practique esta visualización siempre que se sienta abrumado o aburrido. Descubra como, con el tiempo, se siente más equilibrado mientras permite que su risa natural salga a la superficie.

CUÁNDO HACERLO

Intente este ejercicio para romper con el estrés o la monotonía de su día y llene de risas este momento.

24 DOMAR LOS MONOS

A menudo nos distraemos con pensamientos aleatorios que reclaman nuestra atención. Puesto que muchos de ellos son negativos o improductivos, nos estresan y nos hacen sentir infelices. Los profesores de mindfulness usan el término «mente de mono» para describir este alboroto mental, y afirman que podemos aprender simplemente a mirar nuestros pensamientos en vez de dejarnos arrastrar por ellos. Esto nos ayudará a mantener la estabilidad y así aumentar nuestra capacidad de felicidad.

1 Siéntese cómodamente, cierre los ojos y respire de forma natural. Imagine un grupo de monos jugando entre los árboles en la selva. Imagínelo con tanto detalle como le sea posible: vea cómo saltan de rama en rama, chillando y parloteando.

2 Sea consciente de que usted está sentado tranquilamente viendo los monos. Usted no es uno de ellos, y no está en los árboles con ellos. Ellos no tienen ningún poder sobre usted, sólo es un observador independiente. Siga respirando y deje que la imagen desaparezca poco a poco.

3 Use esta imagen durante el día. Cuando se sienta distraído por un pensamiento desagradable, imagine que es un mono en el árbol, y suavemente deje que desaparezca de su vista.

CUÁNDO HACERLO

Haga este ejercicio durante cinco minutos cada día. Lo ideal sería por la mañana, antes de zambullirse en las tareas del día. Luego úselo cuando lo necesite.

25 VUELE A SU OASIS INTERIOR

Una imagen mental de su «lugar feliz» puede ser un oasis de alegría al que usted pueda volver en cualquier momento del día. La visualización creativa es una forma efectiva de manejar el estrés y relajar el cuerpo. Nuestra mente puede responder a una visualización evocativa justo de la misma manera que en la vida real. Y lo mejor de todo es que usted puede diseñar su propio oasis.

1 Tómese un momento para ponerse cómodo, ya sea sentado o tumbado. Centre su mente con unas pocas respiraciones profundas. Relaje la mandíbula y los hombros.

2 Respire cada vez más calmadamente mientras su cuerpo se va relajando. Ahora cierre los ojos.

3 Con la imaginación vuele hasta su lugar feliz. Puede ser un lugar que usted conozca muy bien, un lugar en el que nunca ha estado, algo inventado totalmente o un lugar que combine elementos de diferentes sitios. Su lugar feliz puede ser un oasis en el desierto, una playa tropical, un claro en el bosque, un lago al pie de una montaña o un lugar interior, como por ejemplo la cocina de su abuela donde jugaba cuando era pequeño.

4 Mientras imagina el lugar, empiece a ponerle detalles. Si, por ejemplo, está visualizando una tranquila playa, imagine el color del agua o si está calmada o rizada por el viento. ¿Es una playa de arena o de piedras? ¿Está caliente por el sol? ¿Está rodeada de árboles, animales o pájaros? ¿Qué puede verse a lo lejos o a su alrededor?

5 Sumérjase en este maravilloso lugar usando todos sus otros sentidos para crear una imagen lo más evocadora posible. Imagine qué sonidos se escuchan, la textura de la arena bajo sus pies, la fresca brisa en su piel o el agua fría cuando hunde la mano en ella.

CUÁNDO HACERLO

Cuanto más practique, más fácil será visualizar la imagen, por lo tanto intente hacer este ejercicio 10 minutos cada día durante una semana. Es un ejercicio precioso para hacer por la noche, le ayudará a relajarse antes de acostarse.

6 Disfrute estando en su lugar feliz, explórelo, camine por él, respire la paz y la felicidad que se siente ahí.

7 Cuando esté listo para terminar el ejercicio, tome una foto mental de su lugar feliz y recuérdese que está allí para cualquier momento que desee volver. Deje que la imagen se desvanezca mientras vuelve a centrar su atención en su respiración. Luego, poco a poco, abra los ojos y devuelva su conciencia a su entorno actual levantándose lentamente y siguiendo con su día.

ENTORNO FAMILIAR

Hacer este ejercicio cada vez en el mismo lugar y en la misma posición le será de gran ayuda. Cuanto más lo haga, más conectará su mente ese lugar y posición con el sentimiento de felicidad y relajación, y le resultará más fácil alcanzar ese estado lleno de dicha.

26 RESPIRE HONDO

Los ejercicios de respiración son una de las formas más rápidas de hacerle sentir feliz. Se pueden usar de diferentes maneras terapéuticas y son conocidos por reducir el estrés y aumentar la energía.

1 Túmbese boca arriba, con las piernas flexionadas y los pies apoyados en el suelo. Busque una posición cómoda; póngase un cojín bajo la cabeza si lo prefiere.

2 Con las manos encima de la barriga, inspire profundamente. Sienta como sube su abdomen contra sus manos. Luego espire y sienta como bajan sus manos.

3 Imagine una luz cálida en su barriga. Cuando inspira, crece calentando su pecho; cuando espira, se encoje levemente.

4 En la próxima respiración, imagine la luz creciendo hasta alcanzar su cuello y caderas y luego disminuyendo su tamaño ligeramente. Respire de nuevo, ahora crece hasta sus hombros y sus tobillos. Finalmente, llena todo su cuerpo.

5 Con cada respiración visualice esta luz cálida relajando su cuerpo; cuando espire, déjese llevar.

CUÁNDO HACERLO

Una vez al día. Este puede ser un bonito ejercicio para hacer antes de acostarse como parte de su desconexión.

LAS **CINCO** MEJORES
maneras de adquirir una práctica regular de meditación

Empiece con muy poco:
literalmente, un minuto al día

~~~~~~~~~~~~~~~~~~~~

Aumente el tiempo poco a poco

~~~~~~~~~~~~~~~~~~~~

Vincúlelo a otro hábito,
como cepillarse los dientes o beber
su primera taza de té

~~~~~~~~~~~~~~~~~~~~

Piense «el mismo lugar y a la misma
hora» cada día

~~~~~~~~~~~~~~~~~~~~

Comprométase con una práctica regular
pero perdónese si se la salta alguna vez

~~~~~~~~~~~~~~~~~~~~

27 EL CAMINO POR RECORRER

Podemos hablarnos desde la infelicidad y justificarla con argumentos que no se corresponden con la realidad. Los terapeutas cognitivo-conductuales lo llaman distorsión cognitiva. Intente este método de visualización para contrarrestar la tendencia a «predecir el futuro»: cuando usted hace predicciones negativas sobre el futuro pero las trata como si fueran hechos reales.

1 Observe cuando anticipa lo que sucederá en el futuro de una forma negativa: «No voy a ir a la fiesta, sé que será terrible» o «No voy a solicitar este trabajo, nunca me lo darán».

2 Respire profundamente. Dígase a sí mismo: «Esto es una predicción. No puedo predecir el camino que tengo por delante». Cierre los ojos e imagínese en una vida futura llena de miseria. Hágalo de la forma más viva que pueda. Esto es una predicción negativa de futuro.

3 Pregúntese: «Si fuera feliz y me sintiera seguro, ¿pensaría de este modo?». Ahora cierre los ojos y vuelva a visualizar su vida en el futuro. Esta vez imagine que ve un futuro dichoso. Hágalo de la forma más viva que pueda. Disfrute con la predicción de un resultado positivo.

CUÁNDO HACERLO

Haga este ejercicio cuando las predicciones negativas le lleven a no hacer algo que de hecho le haría sentir feliz.

ESCRÍBALO

Escriba sus predicciones negativas en un cuaderno y haga aquello que precisamente evitaría hacer. Tome nota de si su predicción se ha hecho realidad o no.

28 EL CHEQUEO ATENTO

«El chequeo atento» es un concepto clave utilizado en el entrenamiento de la inteligencia emocional. Consiste en hacer que suene un timbre interior y detener de forma consciente y regular lo que está haciendo para reconocer sus sentimientos. Cuando haya identificado lo que está sucediendo en su cuerpo y mente, puede actuar para salir del estrés y entrar en un estado de bienestar.

1 A intervalos regulares durante el día, deje lo que está haciendo y céntrese en lo que está sucediendo en su interior: ¿cuáles son los sentimientos, estado de ánimo o sensaciones corporales más destacables? Descárguese una aplicación de alarma de mindfulness para su móvil para ayudarle a detenerse.

2 Cuando realice su chequeo atento puede que vaya con prisa o con los hombros tensos, o se sienta enfadado o feliz y libre. Sea lo que sea que observe, tómese un momento para parar y respirar hondo varias veces. Esta es una oportunidad para liberar la tensión innecesaria de su cuerpo.

3 ¿Hay algo sencillo que puede hacer para sentirse cómodo o alegre? Levántese y desperécese, o beba agua o dé un paseo. Estas pequeñas acciones le ayudarán a salir del estrés y a crear una base más sólida para adquirir el hábito de la felicidad.

CUÁNDO HACERLO

Puede hacerlo cada hora durante el día o a intervalos aleatorios.

TENGA UN RECORDATORIO

Puede que prefiera tener un recordatorio para su «chequeo atento» en vez de una alarma en el móvil. Escoja una joya que siempre se pone, un anillo o una pulsera, y cada vez que vea este objeto durante el día, le recordará que debe hacerse un chequeo atento.

29 LOS CINCO DEDOS

La psicología positiva, que estudia las características que nos permiten crecer, ha demostrado que la gratitud es una parte importante de la felicidad y que es fácil entrenar nuestra mente para ser más agradecidos con los cosas buenas de la vida. La próxima vez que se sienta decaído, intente este inspirador ejercicio.

CUÁNDO HACERLO

Este es un buen ejercicio para hacer cada día, mejor si es antes de acostarse. Las personas que practican la gratitud de forma regular afirman sentir emociones positivas con frecuencia.

1 Tómese un momento para parar y respirar. Sujete un pulgar con los dedos de la otra mano. Mientras inspira, lleve a su mente una cosa —grande o pequeña— por la que se siente agradecido en su vida. Puede que quiera agradecer la ayuda de un buen amigo, el placer de tomar un café o gozar de una buena salud. Dígase en silencio: «Gracias por esto», y nombre el objeto de su gratitud.

2 Siga con el dedo índice. Mientras lo sujeta, piense en otra cosa por la que quiere dar las gracias: su casa, el clima, el jarrón con flores de su mesa. Siga haciéndolo con el resto de dedos, el medio, el anular y el meñique.

3 Cuando haya acabado con los cinco dedos, las cinco razones de gratitud, pare un momento antes de seguir con su día.

AFIRMACIÓN PERSONAL

Tengo la felicidad en mi mano

30 PENSAMIENTOS LUMINOSOS

En la terapia cognitivo-conductual encontramos formas de acabar con los pensamientos negativos automáticos y adquirir una forma de pensar más sana. Una manera de hacerlo es haciéndonos preguntas que nos permitan ver la disposición mental que hay detrás de nuestros pensamientos. También tenemos que vigilar nuestro lenguaje para no enviar al cerebro mensajes que induzcan al estrés. Intente estas técnicas.

1 ¿Qué responde cuando le preguntan cómo está? Muchos de nosotros utilizamos frases negativas como «no estoy mal» o «no me puedo quejar». Aunque tenga que dar una respuesta rápida y educada, diga algo positivo: «Estoy muy bien, ¿y tú?».

CUÁNDO HACERLO

Adopte estos hábitos de forma regular. Poco a poco su potencial de felicidad irá en aumento.

2 Cuando observe un pensamiento negativo sobre usted, como «no le gusto a nadie» o «tengo un aspecto horrible» intente preguntarse: ¿es realmente verdad?, ¿hay una mejor manera de verlo?, cuando no se siente así, ¿tiene una actitud diferente?

3 Evite hacerse comentarios irónicos y despreciativos o que exageren lo negativo. Si dice que sus relaciones son desastrosas o se queja de que está «totalmente angustiado con el estrés», está creando una disposición mental negativa y empezará a creer lo que está pensando.

31 EL CAMINO HACIA LA PAZ

Esta es una visualización reconfortante que puede realizar para liberar las emociones acumuladas durante el día y construir su nivel de aceptación, una característica clave en mindfulness. Escoja cualquier paisaje imaginario que refleje las subidas y bajadas del día, pero termine siempre su visualización con una puesta de sol.

1 Siéntese o túmbese en un lugar tranquilo. Cierre los ojos y respire con atención plena varias veces. Imagínese en un camino con el sol saliendo a sus espaldas. No sabe a dónde conduce pero sigue andando. Está rodeado de árboles y entra en un bosque. El trayecto es difícil, se da cuenta de que está andando cuesta arriba.

2 Justo cuando empieza a notar que le cuesta respirar, el camino se hace más llano y los árboles se alejan. Se encuentra andando hacia un precioso valle. El camino sube y baja, tuerce a derecha e izquierda, entre arboledas y prados.

3 Llega a un bonito lugar donde puede descansar bajo un árbol. Al mirar atrás, ve que el paisaje es maravilloso; los montes y los valles que ha dejado atrás le dan carácter y belleza. Se da cuenta de que está anocheciendo. Es el final del día. Tómese unos momentos para descansar y disfrutar de las vistas.

CUÁNDO HACERLO

Intente hacer este ejercicio cada noche antes de acostarse o en la cama para ayudarle a liberarse del día y caer en un relajante sueño.

SU PERCEPCIÓN

Haga este ejercicio dándose cuenta de que las subidas y bajadas de su día son las que le dan carácter a la jornada.

32 EL PODER DEL JUEGO

El juego nos da alegría. Cuando se centra en el trabajo y las responsabilidades, la vida se hace muy seria, sin lugar para el ocio. Jugar puede parecer indulgente porque no tiene ningún propósito aparente pero, de hecho, es una excelente manera de liberar estrés. También es una buena forma de relacionarse con los demás, dar rienda suelta a la creatividad e incluso nos hace más productivos. Intente este inspirador ejercicio basado en volver a la edad de nueve años, que, según una encuesta del Reino Unido, es la edad en la que somos más felices.

1 Siéntese y cierre los ojos. Deje que su cuerpo se relaje mientras respira hondo varias veces.

2 Evoque una imagen de usted mismo cuando tenía nueve años. Intente imaginar lo que llevaba puesto, su corte de pelo o cómo era su ropa. Piense en lo que está haciendo. Quizá se recuerde trepando en un parque infantil, montado en una bicicleta, jugando con una pelota o saltando a la comba. Déjese entrar en ese cuerpo despreocupado que fue el suyo. Disfrute —vuelva a disfrutar— de esta actividad mientras evoca el feliz recuerdo.

3 Deje que la imagen se desvanezca lentamente y abra los ojos. Recuérdese que esa persona divertida y despreocupada es usted, y que puede acceder a esos sentimientos de felicidad a través del poder del juego.

4 Piense en cómo puede incorporar el juego en su vida adulta. Intente jugar con niños que conoce, reúnase con amigos para jugar a *frisbee* o a fútbol, ofrézcase a sacar a pasear al perro de alguien. O pruebe algo sencillo como dar saltos, hacer malabares o colorear. Saque tiempo para jugar.

Pase la página: pruebe el ejercicio de colorear de la página siguiente para incorporar un poco de diversión a su día.

CUÁNDO HACERLO

Incorpore un tiempo de juego en su día a día. Piense el día que tiene por delante, en cómo puede adoptar una actitud más de juego en el trabajo, en la cena, en el tiempo que pasa con sus seres queridos.

DIFUNDA
LA ALEGRÍA

La felicidad y el calor emocional van de la mano. La gente feliz es amable con los demás y ser bondadoso con los demás es contagioso: una buena acción lleva a otra.

La bondad también eleva el espíritu de los que dan. Varios estudios afirman que la meditación de la bondad amorosa, en la cual usted desea el bien a sí mismo y a los demás, hace que los que la practican se sientan más dichosos y, con el tiempo, vean reforzadas sus relaciones personales. No sólo eso, sino que además el mindfulness y la gratitud están conectados: cuando usted tiene atención plena, empieza a apreciar lo positivo; y cuando deliberadamente es consciente de lo positivo, aumenta su percepción a todos los niveles.

Por lo tanto, realizando pequeños cambios en su día —basta con sonreír a los demás en la calle— puede estar haciendo el bien. No se preocupe si le parece que es autocomplaciente por su parte ocuparse de su salud emocional; al aumentar su propia felicidad estará transmitiendo alegría a los demás.

33 EL EFECTO DOMINÓ

No hay nada más gratificante que expresar gratitud. A menudo damos por hechas muchas cosas pequeñas y nos olvidamos de dar las gracias. Nuestras vidas tienen un ritmo vertiginoso, pero darse cuenta de las cosas amables que otros hacen por nosotros no sólo se convierte en algo recíproco sino que puede multiplicarse hacia los demás. El entrenamiento de la inteligencia emocional mantiene la idea de que nuestro cerebro abandona el estrés hacia un estado de bienestar cuando recibe recompensas, como por ejemplo, gestos amables de gratitud. Depende, pues, de nosotros transmitir estos actos de agradecimiento a los demás.

1 Cada vez que alguien sea agradecido con usted, intente expresar gratitud a dos personas más.

2 Piense en dos formas diferentes de demostrar gratitud. Puede ser simplemente diciendo «gracias», escribiendo una nota de agradecimiento o bien haciéndole saber a alguien lo importante que es para usted.

3 Una vez haya mostrado su gratitud, piense en lo feliz que se sintió al hacerlo, igual que se sintieron quienes la recibieron. Decida añadir más gratitud a su vida diaria.

CUÁNDO HACERLO

Practique este ejercicio cada día y observe que dar las gracias puede estrechar lazos entre usted y los demás. Ser agradecidos proporciona una sensación de calma interior y nos hace sentir felices a todos a la vez.

34 ACEPTE EL RETO

Las personas que padecen ansiedad social a menudo la resuelven evitando situaciones sociales, y esto puede hacerlas sentir aisladas e infelices. Una de las herramientas de la terapia cognitivo-conductual es retar a nuestros miedos enfrentándonos deliberadamente a situaciones que nos parecen incómodas. He aquí una versión simplificada de esta técnica para practicar en casa.

1 Una de las cosas que nos impide ser más sociables es el sentimiento de vergüenza o la sensación de que no lo podremos soportar si los otros nos juzgan. Empiece, pues, pensando cómo cree que se sentiría si intentase estos retos:

- Salude a un desconocido en el transporte público
- Pregunte a un dependiente cómo le ha ido el fin de semana
- Salga a la calle con calcetines desparejados
- Salte a la pata coja por la calle
- Haga un cumplido a una recepcionista
- Siéntese en la silla preferida de un colega en una reunión

2 Ahora, numere su lista del más al menos intimidante. Haga el reto menos intimidante. ¿Cómo se siente? Si se sintió incómodo, pruébelo mañana otra vez. Si se sintió bien, pase al siguiente reto de la lista.

CUÁNDO HACERLO

Propóngase un mini reto social cada día durante una semana para ayudar a construir su resiliencia. Utilice los retos de la lista o invéntese otros propios.

35 AME EL MUNDO

La meditación de bondad amorosa es una práctica ancestral que nos ayuda a conectar con nuestra bondad interior para que nuestros sentimientos positivos de amor afloren libremente. Se enseña muy a menudo en mindfulness y existen pruebas de que la práctica de este precioso ejercicio puede llenarnos de sentimientos de dicha y bienestar, así como aumentar nuestra empatía y compasión hacia los demás.

1 Encuentre una postura cómoda y dedique unos momentos a respirar de forma natural y a centrar su mente.

2 Cierre los ojos y ponga su mano en el corazón mientras repite estas palabras en su mente: «Que me sienta sano y protegido, que sea feliz, que viva mi vida en paz».

3 Continúe diciendo estas palabras mientras disfruta de los sentimientos de calidez que experimenta. No se preocupe si no siente nada, siga centrado diciendo estas palabras.

4 Piense en alguien que ama o aprecia e imagine que está delante de usted. Dirija sus palabras hacia esta persona: «Que te sientas sano y protegido, que seas feliz, que vivas tu vida en paz».

CUÁNDO HACERLO

Cuando usted quiera. Puede ser un ejercicio maravilloso para hacer tanto al principio como al final del día.

5 Es normal que de vez en cuando se distraiga. Cuando vea que le sucede, dirija su atención hacia las palabras que está repitiendo.

6 Ahora piense en un conocido por el que no tiene fuertes sentimientos, por ejemplo, un colega de trabajo o alguien que se cruza cada día. Imagine que esta persona está delante de usted y dirija sus palabras hacia ella: «Que te sientas sana y protegida, que seas feliz, que vivas tu vida en paz».

7 Piense en alguien que le disgusta, y dirija sus palabras hacia esa persona: «Que te sientas sano y protegido, que seas feliz, que vivas tu vida en paz». Esto puede ser más difícil y es mejor que no escoja a alguien por el que siente unos sentimientos muy fuertes. Aun así, puede notar que le aparecen sentimientos o pensamientos negativos; como antes, simplemente sea consciente de ello y siga centrándose en las palabras. Sea amable y no se juzgue por ser negativo.

8 Finalmente, dirija estas palabras hacia fuera, hacia todas las personas del mundo: «Que nos sintamos sanos y protegidos, que seamos felices, que vivamos nuestra vida en paz». Continúe mientras se sienta bien.

CUÁNDO HACERLO

La bondad amorosa empieza con uno mismo. Es más fácil ser amable y bondadoso con los demás cuando lo somos con nosotros. Si se siente mal consigo mismo, intente empezar con un ser querido (Paso 4) y luego dirija sus deseos de bondad hacia usted.

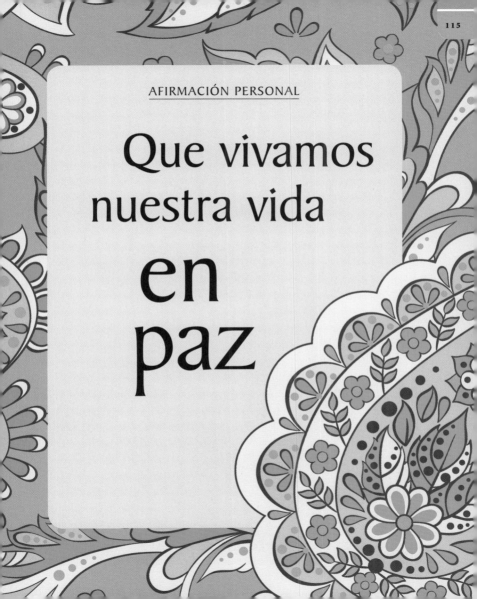

AFIRMACIÓN PERSONAL

Que vivamos nuestra vida

en
paz

LAS **CINCO** MEJORES
maneras de difundir felicidad

Salude a sus vecinos; ofrezca ayuda a la
gente mayor que vive cerca de su casa

Evite el cotilleo y dé a las personas
el beneficio de la duda en vez
de juzgarlas con dureza

Haga de la compasión un hábito.
Realice cada día un acto bondadoso

Escuche con atención: céntrese en oír lo
que la gente dice en vez de dar soluciones

Cultive las buenas maneras:
abra las puertas, diga «gracias»,
sea considerado con los demás

36 ... Y SONRÍA

Se ha demostrado que sonreír cuando estamos bajo presión reduce la frustración. La hipótesis de retroalimentación facial respalda la noción cognitivo-conductual de que nuestros gestos pueden cambiar nuestro estado de ánimo. Sólo subiendo la comisura de los ojos y levantando la comisura de los labios puede contribuir a un cambio positivo en su estado emocional. Este ejercicio le ayudará a ver no sólo cómo sonreír puede cambiar el estado de su mente sino que también puede cambiar el estado de los demás.

1 Antes de salir de casa por un período prolongado de tiempo, practique en el espejo hasta que se convierta en una acción automática.

2 Al salir de casa y relacionarse con el mundo que le rodea, propóngase, no sólo establecer contacto visual con cualquiera que se cruce, sino también sonreír.

3 Observe que las personas quieren devolverle la sonrisa de forma natural y también que se siente mejor interiormente.

CUÁNDO HACERLO

Practique este ejercicio cada vez que esté fuera de casa. Vea cómo su sonrisa es contagiosa con todos los que le rodean. Perciba también como sonreír le hace sentir más servicial y animado.

37   LIMPIEZA GENERAL

Intente este ejercicio la próxima vez que tenga que fregar los platos o hacer cualquier tarea de casa que le disguste. Este ejercicio combina mindfulness con el concepto de entrega, lo cual está fuertemente ligado a los sentimientos de felicidad. Vea si es útil para usted.

1 Antes de empezar una tarea, propóngase hacerlo con atención plena y amor. Visualice mentalmente cómo sus acciones contribuyen a convertir su hogar en un lugar más agradable para usted y para los que viven en él.

2 Trabaje sin distraerse y permítase disfrutar de la experiencia. Si está barriendo, perciba el peso de la escoba en sus manos, los cambios sutiles de sonido al moverla hacia delante y hacia atrás. O, si está doblando la ropa, perciba el tacto de cada pieza, el aroma de las sábanas recién lavadas, la satisfacción de apilar con esmero las toallas dobladas.

3 Si se distrae, reconduzca poco a poco sus pensamientos al aquí y ahora. Disfrute de sus tareas en vez de hacerlas corriendo para sacárselas de encima.

CUÁNDO HACERLO

Siempre. Si tiene tareas pendientes, es más fácil aceptar que las va a hacer en vez de lamentarse por tener que hacerlas. De este modo usted está aceptando el momento en lugar de resistirse a él, un principio clave del mindfulness.

38 MARAVÍLLESE

Intente esta sencilla terapia. Un grupo de investigadores de la Universidad de Stanford ha descubierto que el asombro que sentimos cuando vemos algo impresionante no sólo nos anima de forma instantánea sino que cambia nuestra perspectiva mental y alarga nuestro sentido del tiempo. Como resultado de ello, nos sentimos más pacientes y más compasivos, lo que nos ayuda a sentirnos más felices.

1 Adopte una postura cómoda. Mire la fotografía de la aurora boreal. Ahora cierre los ojos, respire de forma natural e imagínese a poca distancia de ella, mirando hacia arriba.

2 Mientras visualiza este increíble fenómeno, imagínese todos los detalles que le sea posible: el color eléctrico del aire contra el cielo nocturno, las formas onduladas que los remolinos del viento han creado, el contorno del paisaje bañado por su luz… Intente sentir el espectáculo como si se encontrara allí, con el brillo de la aurora boreal iluminándole la cara.

3 Poco a poco deje que la imagen se desvanezca. Luego, abra lentamente los ojos y vuelva a su entorno presente.

CUÁNDO HACERLO

Este ejercicio puede ser muy útil cuando se sienta bajo presión y corto de tiempo. Si esta visualización le resulta difícil, vea videos de fenómenos naturales como cascadas o ballenas.

39 REACCIÓN EN CADENA

Si quiere ser feliz, ¡sea amable! Diversos estudios afirman que los actos de bondad, ya sean grandes o pequeños, provocan una liberación de endorfinas del bienestar. Y más aún: cuando las personas son tratadas con amabilidad, tienden a ser más amables con los demás. Así pues, un solo acto de bondad puede desatar una reacción en cadena de benevolencia, como las ondas circulares que se forman en el agua al lanzar una piedra. Intente estos ejercicios para adquirir el hábito de la bondad.

CUÁNDO HACERLO

Antes de acostarse, cuente sus acciones amables. Es una excelente manera de terminar el día con un subidón de bondad.

1 Cuente los actos bondadosos que ha realizado hoy. Sencillamente evocando sus propios impulsos de bondad puede sentirse más feliz.

2 Encuentre nuevas formas de ser amable. Deje que pase un coche que viene de frente, haga una donación a una ONG que le guste, invite a un café a la persona que tiene detrás en la cola, interésese por un familiar anciano o un vecino.

3 Está probado que ejercer el voluntariado puede generar un estado de euforia llamado «subidón de generosidad». Además, es una buena forma de estar conectado socialmente, lo cual es en sí mismo una parte importante de la felicidad.

Pruebe esto: coloree el dibujo e imagine cada círculo floral como un acto de bondad.

CONSTRUYA
RELACIONES
FELICES

Estamos programados para intimar. Numerosos estudios muestran que las personas con muchas amistades íntimas y un buen círculo social son más felices que aquellas que no lo tienen; incluso ¡viven más años!

Como sucede en muchos aspectos de la felicidad, existe un bucle de retroalimentación: una buena relación lleva a la alegría, que a su vez conduce a mejores conexiones personales y a una intimidad más profunda. Esto sucede porque las personas que son felices tienden a mantener más fácilmente relaciones positivas.

Por lo tanto, si trabajamos en nuestra propia felicidad, tenemos más posibilidades de estrechar los lazos con nuestros seres más queridos y cercanos. Si utiliza los ejercicios de este capítulo estrechará sus relaciones y aumentará su nivel de felicidad en general. Es una situación donde todos ganan.

Los ejercicios de este capítulo pueden realizarse con una pareja pero también con amigos íntimos o familiares. Lo más importante es priorizar la persona o personas que aprecia e invertir tiempo y esfuerzo en hacer que su relación con ellos florezca.

PARE EL RELOJ

¿Cómo sería la vida si cada vez que pasamos minutos de calidad con aquellos que amamos, el tiempo se detuviera? Según el entrenamiento de la inteligencia emocional, necesitamos ser transparentes y conscientes para poder conseguir buenas y estrechas relaciones personales. Si prestamos atención al momento presente, alejamos poco a poco el estrés y aumentamos nuestra capacidad de amistad y cariño. Intente este ejercicio para mejorar su atención consciente y su conexión con los demás.

1 Imagine que el tiempo se ha congelado cuando está con alguien que aprecia o ama.

2 Sea consciente de la experiencia de estar con esa persona, esté donde esté. Esté atento a sus rasgos, sus gestos, su tono de voz y a todas esas cosas que le hacen especial para usted.

3 Intente esto muchas veces hasta que casi sea automático y observe cómo crece su amistad y confianza con aquellos más cercanos.

CUÁNDO HACERLO

Practique este ejercicio siempre que quiera experimentar conectividad emocional con los demás. Observe cómo su habilidad de permanecer consciente crece junto con su relación íntima con otros.

41 DÉJELO VOLAR

Intente este precioso ejercicio de mindfulness para ayudarle a experimentar el perdón. El rencor nos corroe y nos impide vivir con alegría. Aquellos que saben perdonar las faltas de los demás son más felices que los que no lo hacen. Perdonar le hará sentir más feliz y sano. Perdonar a alguien no significa tener que reconciliarse con una persona que le ha hecho daño, si no lo desea; perdonar significa hacer las paces con el pasado.

1 Siéntese de forma cómoda y piense en alguien que le ha causado daño.

2 Mientras piensa en esa persona y el rencor que siente hacia ella, sea consciente de lo que está sintiendo. ¿Se siente enfadado o triste, molesto o nervioso? Observe cualquier sensación física que sienta en su cuerpo: opresión en el pecho, un nudo en la garganta, dolor en el estómago. Ahora fíjese en sus pensamientos, ¿son vengativos y desagradables?

3 Tome conciencia de cómo le afectan esta rabia y resentimiento. Pregúntese si ha aguantado este dolor demasiado tiempo, si está preparado para eliminarlo, si es capaz de perdonar. A veces puede que responda a esta última pregunta con un «no» tajante; no pasa nada, el perdón llega a su debido tiempo.

4 Si se siente preparado, preste atención a su respiración. Mientras inspira, dígase en silencio: «Mientras inspiro, soy consciente del dolor». Cuando espire, dígase: «Mientras espiro, perdono».

5 Imagine que tiene en las manos un diente de león con su cabezuela de semillas que representa su dolor. Cuando espira su perdón, su respiración hace volar todas las semillas. Continúe durante el tiempo que desee, o hasta que hayan volado todas las esporas.

CUÁNDO HACERLO

Si suele acumular rencor haga este ejercicio regularmente. Puede hacerlo al final de la semana, para dejar volar cualquier resentimiento que haya ido acumulando.

42 HOLA, ADIÓS

Según el entrenamiento de la inteligencia emocional, la intimidad es uno de los estados de recompensa más importantes para hacernos sentir felices. Pero cuando ya se lleva un tiempo viviendo con alguien, es fácil que desaparezca el placer que le ofrece la compañía de la otra persona. Saludar y despedirse de forma consciente es un buen modo de empezar a recuperar esa intimidad perdida. Intente este ritual de transición basado en el mildfulness.

1 En vez de gritar «hola», acérquese a su pareja, o cualquier otro ser querido, cuando llegue a casa. Mírela a los ojos y salúdela cariñosamente. Del mismo modo, cuando se vaya por la mañana o por un período largo de tiempo, acérquese a ella y deséele que se cuide.

2 Durante su hola o adiós, abrácense con atención plena durante 20 segundos. Un abrazo largo ayuda a liberar oxitocina, la «hormona del amor». Esta hormona reduce el estrés y potencia sentimientos de bienestar e intimidad.

3 Durante el abrazo, centre toda su atención en el sentimiento de abrazar y ser abrazado. Relájese en la calidez y el amor de esa unión física.

CUÁNDO HACERLO

Hágalo cada día. Este ritual de transición amoroso debería ser una constante en su relación de pareja, y en otras relaciones con seres queridos.

43 MONTE LA OLA

Expresar cada enfado o molestia lleva negatividad a una relación. El mindfulness nos enseña que todos los sentimientos son temporales y acaban pasando, justo como una ola alcanza un pico y luego se disuelve. Intente esta visualización para manejar sus emociones y no hablar mal a los demás.

1 Cuando note sentimientos de rabia o enfado, aléjese del lugar, siéntese y quédese con el sentimiento. A menudo nuestra reacción es intentar resistirnos a los sentimientos incómodos, pero eso simplemente hace que la emoción siga su propio camino.

2 Cierre los ojos y evoque la imagen de un mar azul brillante. Imagine su sentimiento montado en una ola en el mar de su mente. Esté atento mientras la ola va subiendo y velozmente se dirige hacia la orilla.

3 Vea cómo la ola sube y sube y luego alcanza su pico, observe cómo se rompe y se vuelve más pequeña hasta desaparecer en la arena. Quédese sentado y respirando con calma durante unos momentos antes de levantarse poco a poco.

CUÁNDO HACERLO

Practique esta visualización cada día durante un par de semanas hasta que se convierta en algo familiar y pueda usarla en situaciones de estrés.

44 SEA GENEROSO

En una relación existe una proporción mágica en lo que se refiere a elogios y críticas: cinco comentarios positivos por cada uno negativo. Esta correlación se estableció en un importante estudio sobre parejas y la probabilidad de divorciarse. Utilice esta divertida visualización como recordatorio para dejar que florezcan libre y generosamente los elogios en su relación de pareja.

1 Imagine su relación como una hucha de cerdito y cada elogio que hace como una moneda que entra por la ranura, una inversión en su felicidad como pareja.

2 Haga sus elogios de corazón, que sean auténticos. Un buen elogio debe ser específico en vez de genérico: «Me encanta como te queda este jersey» o «Me gusta mucho cuando me preparas el café» en vez de «Eres fantástico».

3 Haga el elogio cuando la otra persona pueda oírle y no cuando se esté yendo con prisas de casa.

CUÁNDO HACERLO

Hágalo cada día. Hacer elogios lleva la mente hacia la positividad porque debe estar alerta para poder elogiar a alguien.

4 Sus elogios deben ser personales. Empiece con «Yo» en vez de «Tú» para expresar sus sentimientos: «Me ha encantado cuando has…».

5 Elogie las acciones del otro. Por supuesto que debe decirle a su pareja o ser querido que tiene muy buen aspecto, pero fíjese también en lo que hacen, porque las acciones van más allá del aspecto físico.

6 Cuando haga un elogio, sea consciente de cualquier sentimiento de felicidad que usted siente. Elogiar puede proporcionar un aumento temporal de la autoestima de uno mismo y de quien lo recibe.

7 No todo el mundo sabe aceptar un cumplido. Si su pareja o ser querido se encoje de hombros ante su comentario, no se preocupe. Seguro que ha recibido la inyección de positivismo que usted quería dar, o quizá se dé cuenta más tarde. Le ayudará a centrarse en cómo el otro le ha hecho sentir. Al fin y al cabo, usted le está elogiando porque quiere, no porque espera provocar una respuesta concreta.

¡AÑADA MÁS!

Por la noche, intente hacer una lista mental de los elogios que ha hecho a su pareja o seres queridos y ¡añada uno o dos más!

AFIRMACIÓN PERSONAL

Cada día
busco
formas de
expresar
mi
agradecimiento

45 TERAPIA ANIMAL

Los animales nos ayudan a estar en el momento presente y son una fuente inmensa de alegría. Diversas investigaciones demuestran que pasar tiempo con una mascota puede levantar el ánimo, disminuir el estrés e incluso bajar la presión sanguínea. Haga este simple ejercicio basado en el mindfulness para estrechar los lazos entre usted y su mascota. Si no tiene mascota, intente pasar algún tiempo con la de un amigo.

1 Tómese un tiempo cada día para relacionarse con su mascota. Imagine que es la primera vez que se ven: observe cada detalle de su aspecto físico, la forma de su cuerpo, sus patas o garras, su cara, el color y las manchas de su pelo o plumas.

2 Pase unos minutos acariciándolo, notando su calor corporal u otras sensaciones que experimente. Déjese sintonizar con los sonidos del animal mientras se sumerge en la experiencia sensorial de conectar con él. Sienta cómo late el corazón del animal bajo sus dedos.

3 Mientras hace todo esto, piense en la recompensa incondicional que recibe de su mascota, o en el placer que usted le está dando. Tómese un momento para permitir que el aprecio por la presencia de este animal entre en su corazón.

CUÁNDO HACERLO

Este es un buen ejercicio para hacer cada día. Si tiene un perro, sáquelo a pasear con atención plena. Utilice este tiempo para seguirle el paso y disfrutar de la espontaneidad y la alegría con las que su mascota se relaciona con el mundo.

DEJE QUE SE ACABE

En este ejercicio encontrará lo que debe hacer y lo que no para tener una relación feliz. Se refiere ante todo a la relación con su pareja, pero puede aplicarse también a cómo debería comportarse con sus seres queridos.

1 **Debe** dejar que el conflicto se acabe. Esto es contrario a la creencia que dice que es mejor no dejar pasar un día para resolver un problema y solucionarlo cuanto antes. A veces es más fácil reconocer que hay un problema y quedar otro día para resolverlo. Es genial si usted puede resolver sus diferencias con rapidez pero las conversaciones conflictivas antes de acostarse pueden impedirle dormir y eso puede afectar a su estado de ánimo durante el día siguiente. Si es posible, tómese un momento para subrayar la conexión entre los dos antes de dormir: al darle las buenas noches a su pareja le está diciendo que su conexión es muy valiosa y más importante que cualquier conflicto pasajero.

2 **Debe** ser positivo cuando se comunique con su pareja. Intente darle a su discurso atención plena: evite las exageraciones, la crítica y la culpa, y céntrese en expresar lo que necesita. Esté atento a lo que la otra persona dice; a veces apenas escuchamos. Esté plenamente presente.

CUÁNDO HACERLO

Tenga estos principios en mente cada día. Intente leer esta lista cada semana para comprobar si vive conforme a ellos.

3 **Debe** hacer cosas pequeñas; pequeños actos de amabilidad como llevarle una taza de café a la cama o cogerle de la mano. Todo esto estrecha los lazos entre las parejas.

4 **No debe** dejar de hacer cosas nuevas. Hacer cosas novedosas y actividades placenteras juntos aumenta el sentimiento de intimidad. Prueben un restaurante nuevo, vayan a clase de baile juntos, exploren una ciudad que ninguno ha visitado, o planeen unas vacaciones en un lugar completamente diferente.

5 **No debe** bloquearse. Debe ser posible que cada uno haga las cosas que desea tanto como individuo como pareja.

6 **No debe** abandonarse. Prepárese para trabajar duro. Todas las relaciones necesitan cuidados. Piense en su relación como un jardín que necesita cuidado y cariño para florecer.

NO DEJE DE SONREÍR

La risa estrecha los lazos con los demás. Busque películas divertidas, vaya a ver teatro cómico y cuéntense chistes a menudo.

LAS **CINCO** MEJORES
maneras de reconectar con un ser querido

Escriba una lista de motivos
para quererse

~~~~~~~~~~

Creen un ritual: compartan el café
de la mañana o ponga la mesa
y baje la luz durante la cena

~~~~~~~~~~

Escondan una cápsula del tiempo
con objetos que simbolicen su relación

~~~~~~~~~~

Establezcan fronteras digitales:
nada de móviles durante la cena
o en el dormitorio

~~~~~~~~~~

Dense ánimos mutuamente.
Apoyen los sueños e ilusiones del otro

~~~~~~~~~~

47 DISFRUTE DEL VIAJE

Una actitud flexible es considerada a menudo como un factor clave para hacer el camino juntos y mantener el equilibrio en una relación. La terapia cognitivo-conductual enfatiza la conversión del pensamiento polarizado en formas aceptadas de pensamiento con el objetivo de estrechar lazos y manejar los conflictos personales. Intente este ejercicio para tratar las diferencias personales como si de un viaje de aprendizaje se tratara.

1 Piense en la última vez que usted y su pareja tuvieron una discusión. Usted quería ser escuchado, amado y comprendido, pero en su lugar llevaron la disputa a un punto en el que se hicieron daño.

2 Ahora intente imaginar la misma discusión pero dirija su pensamiento hacia cuánto cariño, respeto y amor siente por esa persona.

3 Piense en cómo hubiera podido ser más abierto, divertido y menos rencoroso. Trabajando con la misma discusión, responda sus preguntas desde una perspectiva más flexible, hasta que suelte una risa cuando reflexione sobre ello.

4 La próxima vez que tenga una opinión diferente con alguien a quien ama, intente tener un punto de vista más flexible y disfrute de un camino menos accidentado.

CUÁNDO HACERLO

Intente hacer este ejercicio después de cada discusión con alguien a quien ama. Si da nueva forma a sus respuestas, con el tiempo se verá respondiendo más cómicamente y de forma más flexible cuando tenga que resolver diferencias personales.

48   ATESORE RECUERDOS

Propóngase compartir recuerdos positivos con sus seres queridos. Reavivar recuerdos felices es una forma de estrechar lazos, afirman investigadores de la Universidad de Carolina del Norte, además de beneficiar su relación. Con este ejercicio de escucha activa de mindfulness usted también puede beneficiarse de la intensidad de las experiencias de otras personas.

1 Pregunte a su pareja, amigo o ser querido por alguna experiencia buena que le haya sucedido hoy.

2 Mientras le responde, practique la «escucha activa»: mantenga contacto visual y atienda completamente a lo que le está diciendo.

3 Reaccione de forma positiva, con una sonrisa o un movimiento de cabeza. Use frases afirmativas como «qué bonito» o «qué interesante, continúa».

4 Haga «preguntas abiertas». Hay preguntas que no pueden responderse con un «sí» o un «no». Anime a la otra persona a elaborarlas: «Cómo te has sentido cuando ha pasado».

5 Al final de la conversación exprese el placer que le ha producido que la otra persona haya compartido eso con usted.

CUÁNDO HACERLO

Este es un buen ejercicio para realizar cada día con la pareja o un miembro de la familia; también puede hacerlo de vez en cuando con colegas de trabajo, amigos o conocidos. Céntrese en la experiencia de la otra persona en vez de interrumpir con sus propias historias.

49 CULTIVE LAS AMISTADES

Si quiere difundir alegría, cultive amistades positivas. Existen cada vez más pruebas de la importancia de las conexiones sociales para determinar cuál es su nivel de felicidad, e incluso su nivel de salud. Y, por supuesto, esto funciona tanto para usted como para sus amistades. Aquí tiene tres maneras de priorizar la amistad.

1 Incorpore una «hora social» en su día a día: una hora en la que se dedica a llamar o enviar correos electrónicos a personas que quiere ver, saber de ellos o sencillamente conversar un rato.

2 Si sus amigos no se conocen entre sí, acuerde una cita y preséntelos. Es más fácil ponerse al día con un grupo de amigos que con uno solo, ya que así hay más personas organizando o haciendo propuestas.

3 Combine la socialización con algo que le interese. Los talleres artísticos o los clubs de lectura pueden ser una buena manera de unir un evento social con una afición. ¿Por qué no organizar un grupo de artesanía o manualidades en un café o local de su ciudad?

CUÁNDO HACERLO

Quizá no pueda incorporar una «hora social» cada día, pero sí una vez a la semana, además de reunirse con sus amigos tan a menudo como pueda. Es importante que la amistad forme una parte integral de su vida y no sea sólo una opción extra.

50 ENCUENTRE EL ARCO IRIS

Con el tiempo, las emociones intensas y la excitación que forman el inicio de una relación romántica se van asentando. Por ello es importante mantener vivas la espontaneidad y la alegría. Intente esta vibrante visualización para estar en contacto con la positividad de su relación de pareja.

CUÁNDO HACERLO

Esta es una meditación ocasional que puede practicar cuando se sienta anclado en la rutina de una relación. Piense en una sorpresa positiva que puede ofrecerle a su pareja o ser querido: un pequeño regalo o una escapada que le pueda ilusionar.

1 Siéntese de forma cómoda y cierre los ojos. Respire con atención plena durante unos minutos, observando lo que siente en ese momento y relajándose poco a poco. Luego imagine un cielo con lluvia y lleno de nubes.

2 Imagine ahora que un precioso arco iris aparece en medio de las nubes. Disfrute mirando ese brillante arco de colores, luego, poco a poco, acerque el arco iris hacia usted para sentirse invadido por su luz y su color.

3 Haga esto durante el tiempo que desee, después deje que la imagen del arco iris se desvanezca lentamente. Vuelva a concentrarse en el presente y refleje la belleza y el color que todavía existen en su relación con aquellos a los que ama.

Pruebe esto: coloree estos globos con los colores del arco iris.

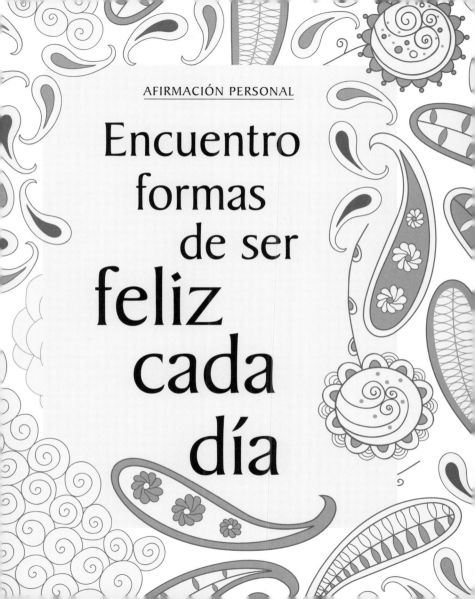

Encuentro formas de ser feliz cada día

AGRADECIMIENTOS

Imágenes 2–3 (y los detalles en los laterales de todo el libro) Oksancia/Shutterstock 6 ittipon Munmoh/Shutterstock 9 CHOATphotographer/Shutterstock 11 niki_spasov/Shutterstock 12–13 mcherevan/Shutterstock 15 Oksana Shufrych/Shutterstock 16 Vaclav Volrab/Shutterstock 18 Julia Sudnitskaya/Shutterstock 20–21 Nila Newsom/Shutterstock 22 Antonova Anna/Shutterstock 25 Byjeng/Shutterstock 26 Suzanne Tucker/Shutterstock 28 mcherevan/Shutterstock 30 Sherrod Photography/Shutterstock 32 Baleika Tamara/Shutterstock 34 Anna Levan/Shutterstock 37 Nattapol Sritongcom/Shutterstock 38–39 il67/Shutterstock 40–41 antalogiya/Shutterstock 43 Business stock/ Shutterstock 44 Repina Valeriya/Shutterstock 46 Passakorn sakulphan/Shutterstock 49 antalogiya/ Shutterstock 50 Bachkova Natalia/Shutterstock 52 Subbotina Anna/Shutterstock 54–55 Suzanne Tucker/Shutterstock 56 Halfpoint/Shutterstock 58 BrAt82/Shutterstock 60 antalogiya/Shutterstock 62 Dariush M/Shutterstock 64 tomertu/Shutterstock 67 Snezh/Shutterstock 68–69 Maria_Galybina/ Shutterstock 71 THPStock/Shutterstock 72 roberto scaroni/Shutterstock 74 aquatti/Shutterstock 76 Dalibor Valek/Shutterstock 78 Liliya Linnik/Shutterstock 80 tratong/Shutterstock 82 Victor Lauer/ Shutterstock 85 Tortoon Thodsapol/Shutterstock 86 ampcool/Shutterstock 88–89 Konstanttin/ Shutterstock 90 Tupungato/Shutterstock 92 BrAt82/Shutterstock 95 Maria_Galybina/Shutterstock 96 TZIDO SUN/Shutterstock 98 Creative Travel Projects/Shutterstock 100 Annette Shaff/Shutterstock 102–103 OlichO/Shutterstock 104–105 antalogiya/Shutterstock 107 PongMoji/Shutterstock 108 natalia bulatova/Shutterstock 110 aimy27feb/Shutterstock 112 takasu/Shutterstock 115 antalogiya/ Shutterstock 116–117 hofhauser/Shutterstock 118 Pavinee Chareonpanich/Shutterstock 120 Vasilyev Alexandr/Shutterstock 122 Jamen Percy/Shutterstock 124 sliplee/Shutterstock 126–127 Maria_ Galybina/Shutterstock 129 zixian/Shutterstock 130 Mckyartstudio/Shutterstock 132 Daniel Gale/ Shutterstock 134 MorganStudio/Shutterstock 136 Geoff Hardy/Shutterstock 138 Melpomene/ Shutterstock 141 Maria_Galybina/Shutterstock 142 Annette Shaff/Shutterstock 144 Kletr/ Shutterstock 147 iravgustin/Shutterstock 148–149 Photo Boutique/Shutterstock 150 Dudarev Mikhail/Shutterstock 152 Sunny studio/Shutterstock 154 MJ Prototype/Shutterstock 157 Lolla Lenn/ Shutterstock 158–159 Lisla/Shutterstock

Cubierta: Oksancia/Shutterstock